PAR BREVETS
D'INVENTION ET DE PERFECTIONNEMENT.

TECHNICOGRAPHIE
INSTANTANÉE,

OU

L'ORTHOGRAPHE

DES QUARANTE MILLE MOTS DE LA LANGUE FRANÇAISE,

ENSEIGNÉE

EN SIX HEURES DE LEÇONS,

PAR ÉDOUARD DE PUYCOUSIN.

PARIS,

IMPRIMERIE DE A. BARBIER,
RUE DES MARAIS S.-G., N. 17.

1829.

LISTE DES ABRÉVIATIONS

s.	substantif.
a.	adjectif.
m.	masculin.
f.	féminin.
v.	verbe.
p.	pluriel.
inv. (1)	invariable.
n. p.	non participe.

(1) Les mots désignés sous la dénomination générique d'*invariables*, sont les adverbes, les conjonctions, les prépositions et les interjections, seules parties du discours qui *ne varient jamais*, c'est-à-dire, qui ne changent jamais de formes.

IRRÉGULIERS

ou

EXCEPTIONS AUX PRINCIPES.

Sans un tableau complet des irrégularités offertes par
les principes mêmes, une méthode d'orthographe d'usage
deviendrait essentiellement illusoire. Toutes les règles que
l'on pourrait entasser dans la mémoire de l'élève seraient
pour lui un instrument inutile, car, lorsqu'il aurait un
mot à orthographier, comment pourrait-il savoir s'il viole
ou non les préceptes? La liste suivante qui est destinée
à lui donner la solution de ce problème, offre le rassem-
blement de toutes les anomalies que notre théorie laisse
après elle. Soit qu'on veuille les apprendre en quelques
jours, soit qu'on aime mieux n'y avoir recours que lorsqu'on éprouvera un moment d'hésitation, elles fourniront
le moyen de faire une application toujours juste des dé-
monstrations qui composent notre doctrine, en donnant
une connaissance exacte de tous les mots qui font excep-
tion à nos règles, ou que nos principes n'ont pu atteindre.

LISTE COMPLÈTE D'IRRÉGULIERS.

INITIALES COMMUNES.	MOTS ENTIERS.	FINALES COMMUNES.	
HABITude (1)	abbatial abat-jour abhorrer abattre	fATRAS	s.
AQUAtique	un abatis accent	taffETAS	s.
AGGLutiner	abbaye abcès aggraver	apoSTAT	s.
APPARTEment	habile absinthe happer	fainÉANT	
APLAnir	acquiescer acoquiner applaudir	astrINGENT	n. p.
ARITHmétique	accaparer un adhérent arsenic	béGAIEMENT	
ASPHyxié	addition adjudant aspect	dévOIEMENT	
AMPHIBie	adultère affligeant enfler	apPARENT	n. p.
ENVahir	agacer acolyte bah! la halle alarmer	auTANT	inv.

(1) *Habit* est une *initiale commune* aux mots *habit*ude, *habit*ation, etc. Elle s'unit ainsi dans tous les mots dont elle fait partie. Même raisonnement pour les autres initiales.

	alcohol	
	aïeul	
BALSAMIque	bannière	apPÉTENT *n. p.*
	aller	
	allemand	
BENJoin	blasphême	sOUVENT
	alambic	
	ailleurs	
BAUDet	baume	bivouAC *s. m.*
	aligner	
	alors	
BOUFFon	boursoufler	échEC *m.*
	allégorie	
	amazone	
BUFFet	buis	basILIC *m.*
	amende à payer	
	amer	
QUADrature	cahier	asPIC *m.*
	anachorète	
	analyse	
CARROUsel	quai	brUSC *s. m.*
	anathême	
	année	
CHRONique	croire	désorMAIS *inv.*
	hanneton	
	annihiler	
QUINquerce	culotte	disCERNER *v.*
	animalcule	
	anneau	
DIFFérentiel	dimension	pINCER *v.*
	haleine, souffle	
	apitoyer	
EXCellent	expansion	solliCITER *v.*
	apaiser	
	aplomb	

	apocryphe	
	apothicaire	
HECTare	équestre	dENSITÉ s.
	almanach	
	appuyer	
EFFAcer	éphémère	duplICITÉ s.
	arrhes	
	hareng frais	
EFFIcient	éfaufiler	lOYAUTÉ s.
	arbrisseau	
	arc-boutant	
EFFRayer	égayer	bIAISER s.
	archange	
	archi	
EFFUsion	aigle	coLYSÉE s.
	araignée	
	haricot	
HÉLIOtrope	ellipse	lYMPHE
	harmonie	
	artichaut	
HÉMORRagie	haine	limiTROPHE
	assez	
	acerbe	
PHYSIque	feindre	bAUGE f.
	asthme	
	astreindre	
GAZette	gaîne	imbéCILE a.
	athée	
	avec	
HYDRaulique	yeux	corpuSCULE
	l'avent	
	avancer	
HIÉRoglyphe	hilarité	cerCUEIL s.
	avare	
	azur	

	en	
	d'emblée	
HYPERbole	hypocrite	proGRAMME
	ambulant	
	encan	
HYPOTHÉcaire	irascible	déCIME
	encore	
	encre à écrire	
CHIFFon	schisme	diAPHANE
	enfant	
	amphi	
GENDarme	genre	mITAINE
	enfreindre	
	anchois	
LENTille	laideur	alOYAU
	emmaillotter	
	hennir	
MANNEquin	mahométan	fuSEAU
	enivrer	
	empreindre	
MERCerie	Messie	gréGEOIS *m.*
	emplette	
	empois	
MYSTère	mythologie	pATOIS
	encens	
	ensemble	
MAUVais	mausolée	crAYON
	entamer	
	enter un arbre	
OFFense	augmenter	compONCTION
	antiquaire	
	entier	
AUGUste	aujourd'hui	rédEMPTION
	enthousiasme	
	entrailles	

	baccalauréat	
	baïonnette	
OPPOrtun	oppresser	aGRESSION
	balbutiement	
	ballotter	
ORTHOgraphe	os	rédHIBITION
	barrique	
	baptême	
AUTRuche	ovale	conCUSSION
	bandit	
	une baie	
PANTHÉon	paix	hamEÇON
	becqueter	
	bédeau	
SACCAger	sacristain	aperCEVOIR
	un beignet	
	baiser	
CÉNObite	cependant	roSACE
	bœuf	
	biffer	
CIGale	cil	conFÉRENCE
	bigarrer	
	bis	
CIMEterre	symétrie	bénéFICENCE
	bizarre	
	bloc	
CIRCuit	sirop	ad honorES *inv.*
	blocus	
	blottir	
CITRouille	ciseau	jauNISSE
	beaucoup	
	bonnet	
CIVil	cinq, nombre	sauCISSE *s.*
	bonifier	
	bonhomie	

	botte	
	boire	
SUCCès	sud	géliNOTTE
	bonbon	
	brebis	
SUCCUrsale	suggérer	inCESTE
	brelan	
	bruire	
SUFFire	type	emPHASE
	bulle	
	butter	
SUPPlier	tocsin	faDAISE
	cadence	
	cachot	
SUPPÔt	taureau	glAISE *a. f.*
	calembourg	
	qualité	
SUPPUrer	tournois	puNAISE
	calotte	
	canapé	
THÉOlogie	térébenthine	subsTITUT
	cannibal	
	chaos, confusion	
TRANSItion	trentaine	emphyTHÉOSE
	cahot, secousse	
	Capitole	
HUIssier	ulcère	fAUVE
	quarante	
	carrer	
	ah! ha!	cervELAS *s.*
	carrière	
	carrosse	
	alambic	aSCENDANT
	catharre	
	catholique	

MOTS ENTIERS.	MOTS ENTIERS.	FINALES COMMUNES.
quatrain	cautère	
quand, quant à	quotidien	
cambouis	alphabet	prÉCÉDENT *n. p.*
camphre	cotte d'armes	
cancer	cohue	
quantité	amant	trIDENT (1) *n. p.*
caisse	cause	
cœur humain	quoi	
chœur de voix	hameau	acCIDENT *n. p.*
claie d'osier	coiffe	
clair de lune	concupiscence	
clerc d'huissier	arracher	aRGENT
clystère	conflit	
clause d'un acte	congrès	
un coq	athlète	dévOUEMENT
une coque d'œuf	conscrit	
caudataire	concile	
cauchemar	azerole	conTINENT *n. p.*
colle forte	consistoire	
collet d'habit	compter	
collége	enclume	aRPENT
quolibet	contraindre	
colonie	la cour	
comment	enorgueillir	occCURRENT *n.p.*
commensal	courrier	
commercer	couronne	
commun	enseigner	dÉCENT *n. p.*
connivence	se courroucer	
cohorte	saint-chrême	
corps	bey de Tunis	afFLUENT *n. p.*
corbeau	créole	
caustique	crécelle	

Cette *finale* est *commune* aux mots *trident*, *évident*, etc. Elle s'écrit
ainsi quand elle termine un mot non participe. Même raisonnement
pour les finales suivies d'une abréviation.

crête	diarrhée	
croasser	diète	
Christ	bercer	auparaVANT *inv.*
craindre	dynastie	
cruauté	diocèse	
crucifix	canevas	cROC *s. m.*
cuire	directoire	
cuisse	dix	
dame-jeanne	caractère	bOUC *s. m.*
damner	dispenser	
datte, fruit	disciple	
dans	cathédrale	aqueDUC *m.*
denrée	distiller	
danse	district	
dais d'église	quitter	parriCIDE
dé à jouer	dizaine	
débauche	daim	
décorum	clocher	déCIDER *v.*
dédale	dauphin	
dédicace	domicile	
déficit	coffre	miNAUDER *v.*
degré	dot	
délit	doigt	
demeure	colline	raVAUDER *v.*
démence	dont, donc	
dehors	douceâtre	
dépôt	connétable	étOUFFER *v.*
depuis	douze	
derrière	duché	
décès	quotient	débLAYER *v.*
décembre	eh! hé	
dessein, projet	et cætera	
dessus	cothurne	méTAYER *s. v.*
désarroi	héberger	
diamant	hébreu	

Ecclésiaste	airain	
l'écho du vallon	héraut d'armes	
écot à payer	confire	incENDIER *v.*
écrevisse	héros , guerrier	
expérience	escargot	
aider	monsieur le Comte	nOYER *s. v.*
édit	essayer	
effet	essaim	
effervescence	crac	haRCELER *v.*
effeuiller	espace	
effort	espèce	
aigre	une dent	aMARRER *v.*
aigu	est	
exempt	éthique	
exercer	dey d'Alger	mACÉRER *v.*
existence	étoffe	
exhorter	étrécir	
exaucer (Dieu)	défaut	auPRÈS *inv.*
échoppe	étreindre	
aile d'oiseau	aise	
hélas	dépens	comMENCER *v.*
éléphant	eucharistie	
émender	œil	
aimanter	daube	amORCER *v.*
émeraude	œuvre	
hémisphère	femme	
aîné	dompter	comMENTER *v.*
ennemi	fardeau	
épais	pharmacie	
épigraphe	un ais	susTENTER *v.*
épithète	farce	
la haire, l'air	face	
aire de vent	écloppé	assiETTÉE *s. f.*
errer	facétieux	
hériter	fendre	

fantaisie	noix de galle	
faix, poids	galimatias	
faible	exigeant	crisTALLISER v.
phénomène	garenne	
faisceau	garrotter	
le faîte	échafaud	paragrAPHE s. m.
une fête	gâteau	
faisan	gavotte	
fils	épaule	jaDIS inv.
fiente	guetter	
fier	glace	
philosophe	hérésie	calliGRAPHIE
flagrant	glaire	
flageolet	gauche	
flamme	aisselle	symPHONIE
flatter	gomme gutte	
flairer	gothique	
flux	étymologie	chancELLERIE f.
faux, fausse	gond	
faubourg	gouffre	
faucon	hésiter	dySSENTERIE f.
phosphore	grammaire	
fauteuil	grappe	
le foie	phare	nécroMANCIE
fonds publics	grace	
fontaine	gratis	
fouetter	fasciner	clavECIN
frapper	gratter	
phrase	graine	
les frimas	phénix	homoPHAGE
frire	grec, grecque	
fraude	greffe	
frotter	flotte	muniCIPAL
phthisie	grêle	
haute futaie	griffe	

grimoire	génie	
griotte	gercer	
guttural	faucille	attaQUABLE *a.*
y	geôle	
idylle	jonc	
hymen	fourrer	dommaGEABLE
hymne	joug	
initier	joufflu	
innocent	frein	fICELLE *s. f.*
hirondelle	jus	
ici	laquais	
histoire	galant	mENSUEL *m.*
hiver	lady	
inconstant	laps de temps	
indemnité	glaive	fOLLE *a. f.*
impie	laitage	
ainsi	une laie	
insurrection	goutte	monoPOLE *m.*
intérêt	un legs	
intervalle	laine	
chardonneret	graisse	exEMPLE *s.*
chatte	léopard	
chez	laisser	
cher, chère	grimace	penDULE
chaire d'église	léthargie	
chair, viande	laiton	
chaise	in-quarto	parenCHYME
la chaux	écorce lisse	
choc	laitue	
chaume	interim	musÉUM
japper	levain	
jarre	lierre	
gencive	chariot	galliCISME
geai, oiseau	lilas	
jais, métal	lire une lettre	

lyre, luth	meolle	
linceul	moins	
logogriphe	choix	beDAINE
lord	moins	
laurier	monnaie	
loi	jaugeage	prÉAU
loup	maussade	
lutter	moineau	
luthérien	labyrinthe	berlINGOT
majeur	muid	
magister, maître	mucilage	
manant	le lest	cachaLOT s. m.
mappe-monde	nageoire	
marais	nappe	
marraine	lézard	biLLOT s.
marron	narrer	
mathématiques	natte	
membre	licence	chalUMEAU
mention	nankin	
mentir	net, nette	
menton	longtemps	pONCEAU
mai, mois	nef	
bon mets	négligent	
mer, océan	majesté	aussiTÔT inv.
métempsycose	négoce	
méthode	naufrage	
mettre à la raison	matériaux	carQUOIS s.
mœurs	neige	
mielleux	nœud	
miauler	mieux	mINOIS
myope	neuvaine	
myrthe	nid	
la main	musée	bILLION
maint, mainte	nièce	
maudire	nippe	

nomenclature	austère	
nommer	une hotte	
noce	le nez	apPRÉHENSION
novembre	hostie	
nonchalant	hostile	
nourrir	nécessité	inVENTION
nuit	les autans	
nul, nulle	authentique	
nuptial	naufrage	proJECTION
oh! ho!	auteur, poète	
eau pour boire	automate	
aubaine	nougat	prédiLECTION
auberge	ottoman	
obligeant	automne	
obscène	aube	dICTION
observatoire	onguent	
occasion	mois d'août	
occulte	occasion	extINCTION
aucun	houppe	
occuper	un ours	
audace	panne	ocCISION
audience	panégyrique	
odoriférant	paradis	
homme	parallèle	pIGEON
homard	paralysie	
aumône	parenthèse	
honneur	patient	coliMAÇON s.
hôpital	paraître	
orchestre	parrain	
auréole	peindre	démangeAISON
orphelin	parcimonie	
horizon	pacifier	
horloge	personne	philANTHROPE
hormis	patte d'animal	
sous les auspices	pathétique	

paon, oiseau	porreau	
penchant	posthume	
penser à	pièce	brANCARD *m.*
pension	potence	
pentecôte	pauvre	
pays	planète	corbiLLARD *m.*
peigne	poix, résine	
pelisse	punch	
peine	plaindre	épiNARD *m.*
pair de France	tâter le pouls	
père de famille	pourrir	
perdrix	le paume	bouleVARD *m.*
pernicieux	prélat	
pestilentiel	prairie	
pétulant	porcelaine	puISARD *m.*
piqûre	préséance	
pierre	précieux	
pygmée	pois vert	pRENDRE
pilau	précipiter	
pyramide	preux	
plafond	un pouce	légENDAIRE
place	prix	
plaider	printannière	
une plaie	prétoire	enFER *s. m.*
une plaine	prophète	
plein, pleine	protêt	
plaindre	pronostic	léthiFÈRE *a.*
plaisir	providence	
plongeon	prosélyte	
une pause	public	miniSTÈRE *s.*
coup de poing	psaume	
paupière	pus	
populace	race	hEUR, hEURE
les pores	puissant	
un porc-épic	purgatoire	

pucelle	sans cesse	
rabbin	sembler	
rempart	rebelle	mAIGREUR
rançon	cendre	
rente	sanction	
ré, note	raifort	nOIRCIR
rets, filets	sangsue	
rebours	sentence	
rez de chaussée	repentir	consTRUIRE
récalcitrant	sentinelle	
une reine	centre	
refrain	rhéteur	bouGEOIR m.
réglisse	scandale	
réminiscence	squelette	
renégat	rien	labORATOIRE
récépissé	cèdre	
restaurer	seigle	
restreindre	rougeole	répERTOIRE
ressusciter	célèbre	
retentir	sceller, sceau	
réticence	centaine	disCOURS s. m.
raisin	scélérat.	
riz, légume	céléri	
rhinocéros	sentier	vAUTOUR
rire	semaine	
voix rauque	la sainte cène	
rocher dur	cédille	fallACE a. m.
rhubarbe	scène, théâtre	
rubis	saigner	
rhume	célérité	meNACE
or ça	mon seigneur	
sabbat	septembre	
une salle	ciel serein	sÉQUENCE.
il est sale	cérémonie	
satiété	cerfeuil	

cerise	cingler	
serrer	symptôme	
certes	ceci	omniSCIENCE
céruse	sincère	
servile	syntaxe	
syncope	une scie	vENGEANCE
session annuelle	sot, sotte	
seize	seau d'eau	
saisir	sauter	atrOCE *a. m.*
césure	soc de charrue	
sœur	socque, chaussure	
syndic	saugrenu	cALUS
sciatique	sophisme	
ciboire	un saule	
cicatrice	saumon	néOPHYTE
cidre	solennel	
cierge, cire	saumâtre	
siffler	soierie	impLICITE
siphon	saumure	
syllabe	sonnet	
silence	souriceau	quENOTTE
cylindre	sonore	
synagogue	société	
cygne, oiseau	treize	métamorPHOSE
synonyme	sauvage	
cyprès	asseoir	
Sire, roi	soixante	
système	souhait	
ciron	souffrir	
scission	soupçon	
cité	source	
citerne	splendeur	
sein, gorge	stagnant	
seing privé	un statut	
cymbale	stérile	

MOTS ENTIERS.	MOTS ENTIERS.	MOTS ENTIERS.
substantiel	la toux	vaciller
suc, sucer	toujours	ventre
succomber	trafic	véhément
talisman	trahir	velours
tanner	trace	veine
tarentule	trembler	verger
tacite	tremper	versatile
tendre	transe	verrou
tempérament	un trait	vertu
tancer	très fort	verrue
du thé	traîner	vésicatoire
une taie	les tréteaux	vaisseau
tête	traître	vœu
technique	triomphe	vœuf
teigne	trophée	vieux
terrain	trop	vigilant
thèse	thrombe	ville
thésauriser	tronçon	violent
tiers, tierce	turc, turque	violoncelle
tyrannicide	trotter	vis
thym, plante	truffe	vicissitude
teint frais	huppe	visa
tintamarre	ustensile	vis-à-vis
taux	us	vingt, nombre
tonnerre	humble	vaincre
taupe	vaccine	vaudeville
torrent	vanner	volatile
torticolis	vendange	vaurien
thon, poisson	ver rongeur	vautrer
taon, insecte	verre de vin	vrai
voici	zizanie	zéphyr